New Yorker Business- und Börsen-Cartoons

Die besten Illustrationen
aus dem „New Yorker Magazine"

NEW YORKER
BUSINESS- UND
BÖRSEN-CARTOONS

*Die besten Illustrationen
aus dem „New Yorker Magazine"*

BÖRSENVERLAG

Titel der Originalausgabe:
The New Yorker
Book of Business Cartoons
© 1998 by Bloomberg LP

Die Deutsche Bibliothek – CIP-Einheitsaufnahme

New Yorker Business- und Börsen-Cartoons : die besten
Illustrationen aus dem „New Yorker Magazin". - 1. Aufl.- Rosenheim
Börsenverl., 1998
    Einheitssacht.: The New Yorker book of business cartoons <dt.>
ISBN 3-930851-20-2

© 1998 by
TM BÖRSENVERLAG AG
Salinstraße 1, 83022 Rosenheim
Telefon: 0 80 31/20 33 -0
Telefax: 0 80 31/20 33 30
Internet: www.boersenverlag.de

2. Auflage März 1999
1. Auflage Dezember 1998
Printed in Germany
ISBN 3-930851-20-2

Illustration des Schutzumschlages:
Wolfgang Horsch, Schöntal

VORWORT

Ein spaßiges Geschäft
von David Remnick

Sofern Sie je Gelegenheit haben sollten, die Verlagsräume des „New Yorker"
in der Westlichen 43sten Straße zu besuchen, dann werden Sie am Eingang
höchstwahrscheinlich von einem ausgesucht höflichen Gentleman in Krawat-
te und mehrteiligem Anzug begrüßt. Seine Art sich auszudrücken, pendelt
zwischen einem John Barrymore und einem Paul Robeson. Er hört auf die
Initialen C. S. und verfügt über mehr ironische Schichten in seiner Persön-
lichkeit als eine Schichttorte.

Obwohl er jedermann durch die Tür zu geleiten hat und sich zudem mit den
genervten Fahrradboten ebenso wie mit den bisweilen wütenden Mitarbeitern
abgeben muss (das schriftliche Dementi bohrt sich schon jetzt wie ein gewun-
dener Dolch in des Besuchers gerötete Hand), lässt sich nicht behaupten, dass
dieser Job ihn allzu sehr in Anspruch nimmt. Und dieser Mangel an Beschäf-
tigung machte aus ihm den unersättlichsten, treuesten Leser des Magazins.

Das einzige Mal, dass ich C. S. jemals genervt gesehen habe, war an meinem
ersten Arbeitstag beim „New Yorker". Es war ein Dienstag, der Tag, an dem die
Cartoonisten ihre Dachkammern in Brooklyn und Manhattan oder ihre Studios
in Connecticut und Westchester verließen, um mit der Hoffnung auf den Verkauf
ihrer wöchentlichen Arbeiten in den Verlag zu strömen. Dies ist eine alte
Tradition bei dieser Zeitschrift. Heutzutage könnten die Künstler ihre Arbeiten
natürlich auch problemlos via Fax schicken, aber es ist für die meisten von ihnen
ein dringendes Bedürfnis, der Enge ihrer Studios zu entkommen und in die Stadt
zu fahren, sich dort mit ihresgleichen zum Essen zu treffen, ein bisschen Klatsch
auszutauschen und nicht zuletzt den Wettbewerb anzuheizen. Außerdem ist es in
Künstlerkreisen allgemeiner Konsens, dass „Vorzeigen" – geschäftlich ausge-
drückt – nicht schaden kann, da es für die Herausgeber den ausschlaggebenden
Impuls bedeuten könnte, diesen neuesten Cartoon zu kaufen und ihn recht bald in
der Zeitschrift abzudrucken – vielleicht sogar vor den Humoristen-Ferien.

Als ich an diesem besagten Morgen zum ersten Mal mit diesem Ritual konfron-
tiert wurde, lungerte eine Gruppe von fünfzehn oder zwanzig dieser Künstler

fröhlich in den Sesseln hinter dem Schreibtisch von C. S. herum und konsumier-
te den braun gefärbten Kaffee, mit welchem die Zeitschrift die Besucher zu
vergiften versucht. Im Gegensatz zu den täglich in den Verlag kommenden
Autoren (was für ruhigere Naturen ein Chaos darstellt, dem man besser zu
entkommen versuchen sollte) nutzen die Cartoonisten diese erfreuliche Gele-
genheit zu heiterem Geplauder. Man hatte den Eindruck, eine Gruppe guter
Freunde vor sich zu sehen, die zusammen einen Flug in die Karibik gebucht
haben und nun auf den Abflug warteten.

Zur Begrüßung schloss C. S. sein Buch (dieses Mal war es Matthew Arnolds
„Culture & Anarchy") und wies mit einer ironischen Geste über seine Schulter
nach hinten: „Sie sind wirklich verehrungswürdig", sagte er, „aber man sehnt
sich irgendwie nach Ruhe und Einsamkeit. "

Ich war nie zuvor im Verlag gewesen, wusste aber sofort, wer diese Leute
waren. Die Cartoonisten werden das sicherlich nicht gerne hören (nicht, dass
es das erste Mal wäre), aber es war nahezu unheimlich festzustellen, dass
einige von ihnen aussahen, als wären sie soeben ihren eigenen Zeichnungen
entsprungen. Ohne dass mir einer dieser Künstler vorgestellt worden wäre,
konnte ich einige leicht erkennen: Da saß der große, aristokratisch wirkende
Bill Hamilton, dessen seidenes Taschentuch aus der Brusttasche seines
Leinenblazers ragte; ich erkannte den zottigen Ed Koren – der gerade aus
Vermont kam – mit seinem kaum zu bändigenden Schnurrbart; und da war der
hellblonde Roz Chast, offizielles Genie des Magazins und zugleich derjenige
Cartoonist, der niemals alt genug aussehen würde, um einen Führerschein
beantragen zu dürfen.

Später, nachdem sich die Cartoonisten zu ihrem Treffen mit dem künstleri-
schen Leiter des Verlags (damals war es Lee Lorenz, heute Bob Mankoff)
begeben hatten, gestand ich einem Freund gegenüber, dass die Cartoonisten,
zumindest so lange wie John Updike nicht in meine Nähe käme (es gibt einem
irgendwie das Gefühl, klein und hässlich zu sein, wenn man einem Michael
Jordan der Autoren gegenübersteht), die einzigen Mitarbeiter des „New Yorker"
seien, denen ich mit Wachsamkeit und Vorsicht begegne. Nicht speziell ge-
genüber Roz Chast, Lee Lorenz oder Bud Handelman, sondern gegenüber der
ganzen Gruppe.

6

Zum einen lag das sicher an diesem altbekannten Eifersuchtsphänomen. Es war dieses schleichende Misstrauen gegenüber der Aussage unserer Abonnenten, den „New Yorker" wegen seiner aktuellen Berichterstattung, seiner Artikel, der Poesie oder dessen kritischer Grundhaltung zu kaufen, während wir, die Autoren, doch mit unverrückbarer Sicherheit wussten, dass es die Cartoons waren, die unsere Leser mehr als alles andere lieben. Dorthin geht der erste Blick der Leser und die Cartoons mögen sogar dasjenige sein, an was sie sich am längsten erinnern. Die Cartoons sind das Aushängeschild des Magazins und tragen viel zu seiner Originalität bei. Selbst im Zeitalter der „Comedy Central", nonstop sendender Fernsehsender und der Übersättigung der Radiowellen durch Kalauer aller Art gelingt es den Cartoons zu überleben. Ich habe unzählige „New Yorker"-Cartoons gesehen, die Kühlschränke und Badezimmerwände ebenso dekorierten wie die Bürotüren von Versicherungsagenten und Professoren. So etwas werden wir, die Autoren, niemals schaffen. Ich warte immer noch auf den ersten Kühlschrank, an den der „Brief aus Moskau" geklebt wurde.

Zum anderen ist da ein Gefühl des Neides, das noch tiefer geht. Die besten Cartoons sind von einem Nimbus der Leichtigkeit umgeben, vergleichbar mit natürlicher, aus sich selbst entstandener Kunst. Sie erscheinen so vollkommen und einfach und sind doch wie eine kleine Bombe. Diese Kombination aus Tintenstrichen und einigen wenigen Worten ergibt gleichzeitig Explosivität, Lachen und Wahrheit in einem. Etwas derart Einfaches erscheint nahezu unmöglich zu erschaffen. Meine Kollegen und ich geben regelmäßig Hilfestellung in der Kunst der kurzen, aber prägnanten Formulierung – guter Geschmack empfiehlt hierbei Flaubert oder Hugo –, aber warum bedrängen wir unsere Redakteure dann dauernd um mehr Raum für unsere Texte? Wir Autoren sind wie Autofahrer, die immer nur auf der Mittelspur fahren; wir versuchen, uns der gesamten Breite des Platzes zu versichern. Wenn wir dann aber sehen, welch magische Effekte die Cartoonisten mit ihren Zeichnungen und diesen winzigen, zerbrechlichen Wortfetzen erzielen, müssen wir uns zwangsläufig nach unseren eigenen Schwächen fragen, nach der Behäbigkeit und Aufgedunsenheit unserer eigenen Zehn- oder Zwanzigtausend-Worte-Blasen.

Der abschließende Aspekt des Neides – und letztendlich auch der Grund, warum Sie dieses Buch in Händen halten – ist die allgemein um sich greifende

Befürchtung, dass die Cartoonisten des „New Yorker" eine ganze Welt, nämlich die des Business, besser, tiefgreifender und beständiger „erobert" haben als alle Autoren in der nunmehr fünfundsiebzigjährigen Geschichte des Magazins. In einem nicht zu unterschätzenden Ausmaß leben unsere Leser heutzutage in einer Welt, die sich unserem Verstehen entzogen hat und bisweilen obskurer erscheint als die Quantenmechanik. Es ist sicherlich schwer feststellbar, wie viele unserer Leser zwischen Manhattan und Kowloon ihre Tage in Büros verbringen – aber es ist sicherlich ein sehr hoher Anteil. Über die Jahre hinweg sind unsere Autoren für ihre Stories nach Patagonien, Holcomb in Kansas oder zum Mont Blanc gereist, aber nur selten dorthin, wo auch unsere Leser ihr Leben verbringen. Und so sind wir grundsätzlich weitaus besser imstande, das Leben eines Eskimos oder eines Malers in St. Petersburg zu beleuchten als dasjenige eines Büroangestellten in Manhattan.

Es gab allerdings auch Ausnahmen. Wolcott Gibbs zum Beispiel ist wahrscheinlich am meisten für seine giftigen Artikel gegen Henry Luce und dessen verquere Ansichten im „Time Life"-Magazin bekannt geworden. John Brooks wetterte gegen die allgemeine Atmosphäre des Triumphs und der Unbesiegbarkeit der sechziger Jahre, den sogenannten „Go-Go-Years" (das war die Zeit, als die Wall Street durch einen Dow Jones bei tausend Punkten in ekstatische Aufregung versetzt wurde). Der erst kürzlich verstorbene Tom Whiteside schrieb einige sehr gute Artikel über das Thema Werbung und John Bainbridge über die Geschäfte der Texaner; aber gerade Leute wie Harold Ross und William Shawn interessierten sich nicht besonders für Artikel aus dem Bereich des „Business". Die Thematik erschien ihnen zu trocken, zu spießig, zu uninteressant. Im Bereich der Romane und Kurzgeschichten stammten zwar viele der männlichen Protagonisten bei John Cheever und John O'Hara aus dem Geschäftsleben (während die Frauen zu Hause blieben), aber die Dramen und Horrorgeschichten spielten sich nahezu immer nach Feierabend ab.

Ich glaube, dass die Aversion gegen das Business auch ein wenig mit Klassendenken und Snobismus zu tun hat. Obgleich nicht wenige Männer und Frauen des „New Yorker"-Personals wohlhabenden oder doch wenigstens vornehmen Familien entstammen, war diese Ablehnung gegenüber dem Kommerz einfach eine Frage guten Stils. Dabei waren sich die Autoren und Schriftsteller sehr wohl bewusst, dass sich die Leser ihres Magazins vornehmlich aus der

Geschäftswelt rekrutierten – warum sonst wäre der „New Yorker" so erfolg-reich darin, Hochglanzbeilagen von Cadillac, Morgan Bank, Tiffany oder Bergdorf Goodman zu ergattern? Und schon die Pioniere des Magazins aus der Zeit des Harold Ross, E. B. White und James Thurber erhoben damals ihre Unfähigkeit im Umgang mit Scheckbüchern zur Kunstform.

In deren Augen war ein Angestellter eine Art unglücklicher Wichtigtuer, ein bemitleidenswerter Angeber, auf seinem Nachhauseweg zur Grand-Central-Station betäubt durch seinen hoffnungslos banalen Arbeitstag und sein Drei-Martini-Mittagessen. Zum Teil konnte der „New Yorker" als genau diejenige Lektüre angesehen werden, die Sie aus der Welt des Business hinausträgt, diese Dinge für ein paar Stunden vergessen lässt, bevor der erneute Trott an die U-Bahn-Station zum 7:10-Uhr-Zug zur Grand Central beginnt.

Dann kamen die achtziger Jahre und das Thema Geld, seine Dominanz und die damit verbundenen Torheiten im amerikanischen Leben konnten nicht länger ignoriert werden. Es hatte den Anschein, als hätte es „Forbes", „Fortune" und „Business Week" schon immer gegeben, wie geradlinige, lückenlose Tagebü-cher der Geschäftswelt. Nun wurde dieses Metier immer stärker bevölkert, die Berichterstattung breiter und abwechslungsreicher. Ein Magazin namens „Manhattan Inc." begann mit Reportagen über die Größen der Geschäftswelt, basierend auf der Überlegung, dass diese zweifellos ebenso interessant seien wie Kinostars, Sportler oder Politiker. Wer waren diese Giganten des Ge-schäftslebens? Wie wurden sie reich? Was waren das für Menschen? Welche Sprache sprachen sie? Wo lagen ihre Ursprünge, wo ihre Ziele? „Vanity Fair", eine wieder zum Leben erweckte Zeitschrift, schwankte zwischen Huldigung der „Neureichen" und deren verbalem „Verriss" hin und her. Das satirische Magazin „Spy" schoss seine Pfeile auf all das Marktgeschrei dieser Zeit ab, angefangen bei den Kugelkleidern von Lacroix bis hin zu den Kussmund-Stewardessen, und zeichnete sich insbesondere durch seine blitzschnell vollzo-gene Ablehnung gegenüber den protzigen Emporkömmlingen zugunsten des, wenn auch bereits verknitterten und fleckig gewordenen, „guten alten Stils" aus. Das „Rolling-Stone-Magazine" war so klug, die Pop-Art-Novelle dieser Zeit, „The Bonfire of the Vanities" von Tom Wolfe, in Serienform abzudrucken, welche den Leser, anders als bei O'Hara oder Cheever, ins Büro und dort genau vor all diese blinkenden Monitore setzte, an denen die Börsentrader ihre Geschäfte abwickeln.

9

Schließlich schritt der „New Yorker" zur Tat. Mark Singer schrieb eine brillante Abhandlung über Aufstieg und Niedergang einer Bank in Oklahoma und nannte den Artikel „Funny Money". Connie Bruk schrieb phantastische Geschichten über die Gepflogenheiten bei „Time Inc." und über einen manisch-depressiven Menschen an der Wall Street. Seitdem wurde die Geschäftswelt zu einem Hauptthema des „New Yorker" – mit Autoren wie Bruck, Singer, James Stewart, Ken Auletta und John Cassidy, welche diese Welt jeweils aus ihrem ganz persönlichen Blickwinkel beleuchteten.

Und doch fanden sich die originellsten „Artikel" des „New Yorker" über die Welt des Business schon seit langer Zeit im Bereich der Kunst. Die „New Yorker"-Cartoons weisen traditionell eine Vielzahl von Szenarien und Rahmenumgebungen auf: die einsame Insel, die Bar, das eheliche (und nicht eheliche) Bett; aber natürlich vor allem diejenigen Bereiche, in denen unsere Leser den Löwenanteil ihrer Zeit verbringen – Büros und Verwaltungsräume. Die „New Yorker"-Cartoonisten haben sich, jeder auf seine eigene Weise, auf die Welt des Business gestürzt und zwischen all den Klischees, Regeln, Rivalitäten, Ängsten, Enttäuschungen, Eitelkeiten und hierarchischen Strukturen das Lachen entdeckt.

Bob Mankoff, der die Cartoons jetzt in Zusammenarbeit mit der Herausgeberin Tina Brown auswählt, hat auch die Cartoons für dieses Buch zusammengestellt. Er selbst hat einige der lustigsten Cartoons über die Geschäftswelt gezeichnet, die je im „New Yorker" veröffentlicht wurden. Das ganz Besondere an ihm ist die Fähigkeit, eine Phrase, ein modisches Bruchstück eines Gespräches, mühelos aus der Welt des Business in das Reich der Lächerlichkeit stoßen zu können. In einem seiner Cartoons lässt Mankoff einen leitenden Angestellten verärgert in sein Telefon blaffen: „Eine Milliarde sind tausend Millionen? Warum werde ich über so etwas nicht informiert?" Mit einem Schlag wird der Archetyp eines Chefs mit dem Anspruch, immer auf dem Laufenden zu sein, zu einem Trottel gemacht. In einem anderen Cartoon tritt ein leitender Angestellter vor seiner Rückkehr in sein Büro an den Schreibtisch seiner Sekretärin heran, welche ihn mit ernster Miene in Kenntnis setzt: „Sir, in der Firma sind die folgenden, grundlegenden Veränderungen aufgetreten, während Sie außer Haus waren ..." In beiden Fällen bedient sich Mankoff des Vertrauten und deren Verfälschungen („Warum werde ich über so etwas nicht informiert?", „grundlegende Veränderungen") und verzerrt diese auf eine

Art und Weise, dass der Witz in der Verzweiflung des völlig aufgelösten Chefs zu finden ist. Ein anderer Cartoon, ein echter Mankoff-Klassiker, zeigt einen Angestellten am Schreibtisch, der gerade dabei ist, seinen Terminplaner zu durchforsten und jemanden am anderen Ende des Telefons zu fragen: „Nein, am Donnerstag geht es nicht. Wie wäre es mit nie – würde Ihnen nie passen?" Der Witz liegt hier in der Art, wie sehr sich die Floskeln der Business-Sprache immer am Rand der Verächtlichkeit bewegen.

Seit der Depression der dreißiger Jahre war die Angst vor dem Abgrund des Ruins, der schmalen Trennlinie zwischen dem Leben im Penthouse und dem Verkauf von Äpfeln auf der Straße, immer ein konstantes Thema für Börsen- und Businesswitze. In einer von Robert Webers Zeichnungen fordert eine Dame ihren vermögend erscheinenden Gatten auf: „Liebling, zeig doch den Hazlitts mal die schönen Aquarelle, die du im Gefängnis gemalt hast." Lee Lorenz zeigt einen hoffnungsvoll dreinblickenden Burschen auf dem Arbeitsamt, während ein blasiert wirkender Kerl in seiner Kartei wühlt und sagt: „Tja, ich hätte da etwas für Sie, was ein wenig außerhalb Ihrer Branche liegt. Könnten Sie sich vertraglich abgesicherte Sklaverei vorstellen?"

Die Belastungen des Geschäftslebens sind oft derart schwerwiegend, dass ihre Wellen auch auf das häusliche Leben überschwappen, so wie bei einer von Leo Cullums „Geschäftsleute-zu-Hause"-Figuren, die sich in ihren Sessel fallen lässt und den Hund der Familie wie einen Angestellten, dessen Job auf dem Spiel steht, fixiert und sagt: „Du warst jetzt eine lange Zeit bei uns, Winnie, und daher sind wir auch bereit, dir ein großzügiges Abfindungsangebot zu unterbreiten!"

Die Cartoonisten haben auch die Einstellung der Baby-Boomer-Generation, für alle Zeiten ausgesorgt zu haben und dies auch auszunutzen, zur hohen Komödie erhoben. All diese Angestellten in der Downtown mit ihren Armani-Anzügen und ihrer Ponyfrisur, die als Indikator dafür dienen, dass sie in einer Welt des Business leben, zu der sie aber doch nicht gehören. Ed Koren, der große Meister in der Karikatur des verqueren städtischen Lebens in der Downtown, lässt einen seiner Charaktere, einen Aktienmakler (und wahrscheinlich früheren Hippie), im Zimmer seiner Kinder sitzen und, nach wie vor mit Krawatte und Hosenträgern, eine Gute-Nacht-Geschichte erzählen: „Und als dann die Zinsen um ein halbes Prozent gesenkt wurden, stieg der Dow um zweiunddreißig Punkte. Und nun ratet mal, was dann mit der Gans und dem Fuchs passierte?"

Einige der Cartoonisten haben auch der Thematik des Aufstiegs von Frauen in der Geschäftswelt humoristische Elemente abgerungen. Mir gefällt dabei besonders die wortlose Zeichnung der neuen „Cinderella" von Warren Miller: Eine junge Frau wird von einer guten Fee in eine „Möchtegern-Chefin" verwandelt.

Nun haben Sie die Quellen meines Neides gesehen. Seit nunmehr über einem Jahrzehnt haben uns die Aktienmärkte ebenso wie alle anderen Segmente der Börsen, die historisch anmutende Geschichte eines ökonomischen Booms erzählt (zumindest für diejenigen, die am oberen Ende der sozialen Leiter leben) und wir Autoren haben gerade erst begonnen, uns mit dieser Story zu befassen. Aber die Künstler, respektive die Cartoonisten, haben diese Thematik bereits von Anfang an verfolgt und es scheint nicht, dass ihnen bislang jemand diese Führung hätte streitig machen können. Wie könnten tausend Worte, nein, wie könnten zehntausend Worte mit Tom Cheneys Zeichnung auf Seite 66 konkurrieren? In einem Gewirr von kleinen, abgetrennten Arbeitsplätzen gibt es einen, der keinen Ausgang besitzt – und dort sitzt ein Skelett. Zugleich arbeiten alle anderen „Drohnen" weiter, ungerührt ob ihres mittlerweile vertrockneten Nachbarns.

Wir nennen diese Dinge „Cartoons", eine Sache, die vielen wichtigen Aspekten nicht ausreichend Rechnung trägt. Aber dennoch stellen sie vielleicht das Wichtigste dar, was wir veröffentlichen. Und ich sage: zur Hölle damit!

12

13

„Jetzt liegt's an Ihnen, Miller! Das Einzige, was uns jetzt noch retten kann, ist ein innovativer Durchbruch in unserer Buchführung!"

„Ich kann's nicht ändern. Diese Rechnungen müssen noch heute Nacht in die Post!"

15

Polar-Hauptversammlung: „Ah, da kommen die Herren vom Vorstand!"

„Miss Caldwell, schreiben Sie zwanzig Briefe, machen davon
jeweils fünf Kopien und schmeißen das Ganze in den Mülleimer.
Um fünf Uhr können Sie dann nach Hause gehen. "

17

„Pendleton, ab heute Mittag zwölf Uhr werden wir Ihre Dienste nicht länger benötigen. Und bis dahin: Machen Sie weiter so!"

„Ist heute irgendwas Ungewöhnliches mit unserer Aktie passiert?
Der Kanarienvogel ist nämlich gerade gestorben!"

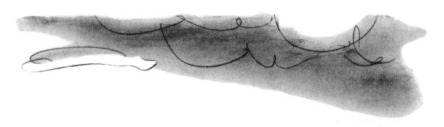

„Entschuldigen Sie bitte, Sir! Ich bin bevollmächtigt,
Ihnen für Ihr Feld ein überaus attraktives Angebot zu unterbreiten ...“

„Weißt du, Tommy, wir sind fast reinrassige Manager, außer deinem Großvater mütterlicherseits, der ist nämlich zu einem Viertel Arbeiter!"

„Und hier, mein Sohn, lagern sie alle Protokolle der letzten Sitzungen!"

„Nein, wir sind weder Jäger noch Sammler. Wir sind Buchhalter!"

„*Grundlagenwissen in Ökonomie, mein Lieber:*
Manchmal sind die einzelnen Teile mehr wert als das Ganze!"

„Ich habe gehört: Wenn sie anfängt, an ihren Ohrringen herumzuspielen,
bist du erledigt!"

„Liebling, zeig doch den Hazlitts mal die schönen Aquarelle,
die du im Gefängnis gemalt hast!"

„Nein, am Donnerstag geht es nicht.
Wie wäre es mit nie – würde Ihnen nie passen?"

„Ja, wir machen im Leben alle dasselbe durch. Aber du machst das mit einem Gehalt von 95.000 Dollar pro Jahr und ich mit nur 32.000!"

„Keine Ahnung, wie es dazu kam. Alles was ich weiß, ist,
dass es zu unserer Unternehmenskultur gehört ..."

„Hier Fenwick, Benton & Perkins. Mit wem darf ich Sie verbinden?"

„Es ist so ein schöner Tag.
Warum gehst du nicht raus und verdienst ein bisschen Geld?"

„Tja, ich hätte da etwas für Sie, was ein wenig außerhalb Ihrer Branche liegt.
Könnten Sie sich vertraglich abgesicherte Sklaverei vorstellen?"

„Du, ich muß Schluss machen, Peter.
Ein neuer Kunde ist gerade auf dem Weg zu mir herauf!"

„Ich versteh's einfach nicht. Die ersten drei Quartale liefen doch ausgezeichnet!"

*„Glaub' mir Mort – kein elektronischer Datenhighway, egal wie riesig oder hoch-
entwickelt er sein mag, wird jemals die Kunst des Anbiederns ersetzen können!"*

*„Nun, auf der einen Seite würde das Eliminieren des Mittelsmannes zu niedrigeren
Kosten, höheren Umsätzen und größerer Zufriedenheit bei den Kunden führen.
Aber auf der anderen Seite: Wir sind der Mittelsmann!"*

*„Das war schon immer mein Traum. Ich kaufe mir eine kleine Farm
und dann verkaufe ich sie – Stück für Stück!"*

„Oh, danke, nicht übel. Das Licht geht an, ich drücke auf den Hebel und sie schreiben mir einen Scheck aus. Und wie läuft's bei dir?"

„Nein, dahin bitte nicht. Da lege ich immer meinen Kopf hin!"

45

„Also, wenn Anderson Chief Executive Officer ist,
Wyatt Chief Financial Officer und Sie Chief Operating Officer –
wer in aller Welt bin dann ich und was mache ich hier?"

„Würden Sie bitte aufhören, uns zu belästigen? Wir haben *bereits einen Broker!"*

„*Ich glaube, er war mir irgendwie lieber,*
bevor *er als Arbeitgeber allen die gleichen Chancen gegeben hat!*"

„Wir jüngeren Flöhe fordern ein größeres Mitspracherecht
beim Betrieb dieses Hundes!"

„Und bevor Sie sich's versehen, betrachten Sie jeden nur noch
als eine mögliche Provision."

„Millionen sind nichts anderes als harte Arbeit. Aber Milliarden – das ist Kunst!"

„Noch sechs Wochen, dann sind diese Studenten reif für den Markt!"

„Wentworth, kann ich mir diesen Restrukturierungsplan noch einmal ansehen?"

„Sir, in der Firma sind die folgenden, grundlegenden Veränderungen aufgetreten, während Sie außer Haus waren ..."

Unternehmensführer versammeln sich auf einem Feld
außerhalb Darien, Connecticut, auf dem einem von ihnen die unsichtbare Hand
der Märkte erschienen ist.

„Lebensläufe? Da rüber!"

„Schön, das ist vielleicht nicht besonders moralisch.
Hat jemand damit ein Problem?"

„*Unsere beiden Niederlassungen sind auf der ganzen Welt verteilt!*"

*„Wir haben getan, was wir konnten, Sir, aber unser Team von Management-Beratern
war nicht imstande, in der Art Ihrer Unternehmensführung
auch nur den geringsten Fehler zu finden. Alles, was Sie tun,
ist hundertprozentig richtig. Weiter so! Das macht elftausend Dollar. "*

„Andererseits ist es doch nett, Frauen in Positionen zu sehen,
die mehr als pures Alibi sind ... "

„Eine Milliarde sind tausend Millionen?
Warum werde ich über so etwas nicht informiert?"

„Es handelt sich hier weder um den Himmel noch um die Hölle.
Sie befinden sich hier in der Abteilung für Privatpatienten."

„Weißt du, der Gedanke einer Besteuerung durch eine offizielle Steuererklärung gefällt mir auch nicht besonders."

„Was für eine wundervolle Überraschung.
Ich dachte immer, das Geld regnet nur für die Armen!"

„Ja, ich freue mich auch, mal wieder was von dir zu hören, Al!"

„Bist du, Scofield Industries, willens,
die hier erschienene Amalgamated Pipe zu ehelichen?"

„Denken wir eigentlich nach oder spielen wir hier bloß am Computer herum?"

„Wie wird der Dollar heute zum Martini gehandelt, Jack?"

„Mr. Herman, mit Ihnen konnte ich lachen, mit Ihnen konnte ich weinen.
Nur Geld konnte ich mit Ihnen nicht verdienen!"

„Tja, weißt du, jemanden einzustellen ist ganz o.k.,
aber jemanden zu feuern, hat immer so was Endgültiges."

„Ich stand auf des Messers Schneide. Dann zog ich die Sache durch.
Ich machte ganz groß Punkte. Ich war der große Medizinmann.
Und dann gingen mir die Metaphern aus!"

„Du bist einfach zu streng mit dir!
Du musst lernen, mal eine Pause zu machen und den Duft der Gewinne zu atmen!"

„Rufe und Tumult verstummen, Ritter und Könige verlassen den Saal ..."

„Es ist etwas passiert, Doug.
Ich habe den Kontakt zu dem Warren Buffett in mir verloren. "

„Siehst du, Thomas, da ist doch ein schwarzer Mann in Papis Büro!"

„Ich habe so etwas noch niemals zu einer Frau gesagt,
aber jetzt ist der Augenblick gekommen: Wir bezahlen Ihnen zu wenig!"

„Was heißt hier Workaholic? Broker und Geschäftsleute sind Workaholics.
Künstler sind besessen – das ist was ganz anderes!"

„Majestät, meine Expedition wird nicht nur neue Wege zu den Gewürzkammern des Ostens entdecken, sondern auch über dreitausend neue Arbeitsplätze schaffen!"

„Andere Leute müssen auch Steuern zahlen, Mr. Henderson,
also würden Sie uns bitte diesen dramatischen Auftritt ersparen!"

„Wer dafür ist, sagt ‚ja'!"
„Ja." „Ja." „Ja." „Ja." „Ja."

„Ich hätte ,Himmel' auch vorgezogen,
aber das haben die Jungs von der Marketingabteilung verhindert!"

„Und nun kommen wir in dieser Sitzung zu dem Punkt,
an dem ich die Schuld jemandem anders in die Schuhe zu schieben gedenke."

„Dieser CD-Player kostet weniger als diejenigen, die doppelt so teuer sind."

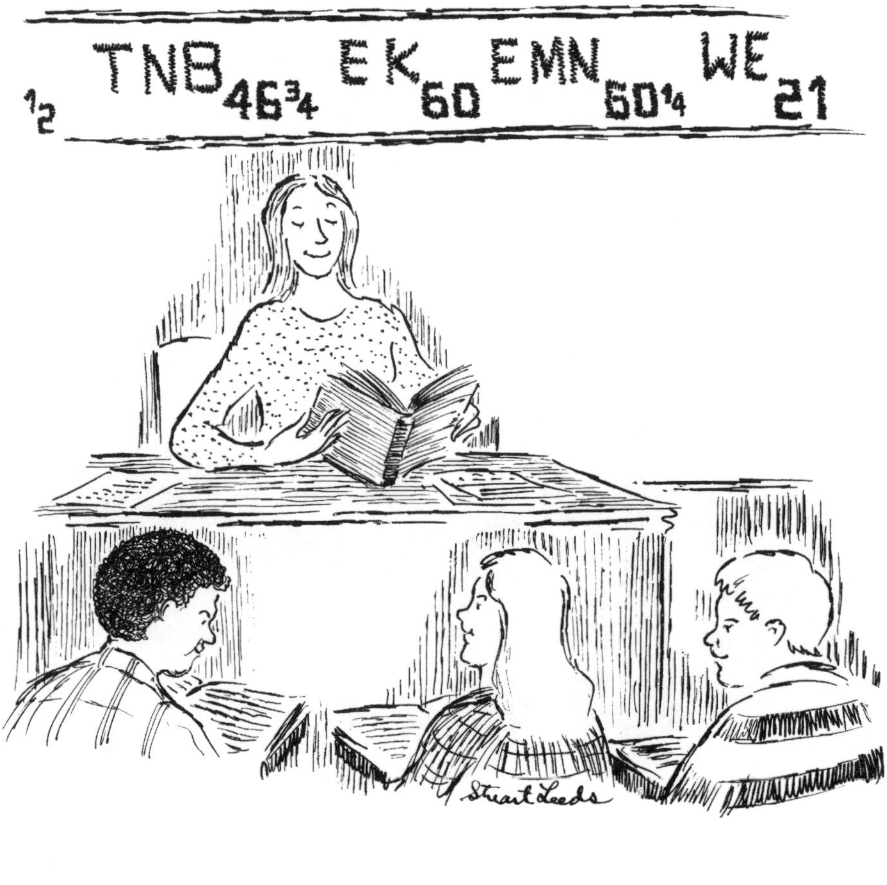
1/2 TNB 46 3/4 EK 60 EMN 60 1/4 WE 21
Stuart Leeds

UNTERNEHMENSVERANTWORTUNG
RICHTLINIEN

1. Jeder Angestellte sollte einen eigenen Schreibtisch, einen Stuhl, ein Telefon, einen Computer und diverse andere Büroutensilien für die Dauer seiner Beschäftigung erhalten.

2. Die Firma stellt kostenlose Hausmeisterdienste zur Verfügung.

3. Jeder Angestellte sollte ein Gehalt beziehen, bis ihm gekündigt wird.

4. Im Fall einer Kündigung ist es Sache der Firma, diese an den Betreffenden weiterzugeben.

„*Was ist eigentlich eine Obligation?*"

„Ehe ich's vergesse, Detrick: Hier ist der Sanierungsplan."

<u>BIENEN</u>

ARBEITERIN

KÖNIGIN

DROHNE

BERATER

MCRAWFORD

„*Das ist der Teil des Kapitalismus, den ich hasse!*"

„*Mein Gott, in unserem Büro in Chicago
hat es einen schrecklichen Unfall gegeben!*"

„Ach, so funktioniert das!
Ich danke euch Jungs, dass ihr mich darauf aufmerksam gemacht habt!"

„Wisst ihr, was ich denke, Leute? Die Weiterentwicklung der Technologie ist gar nicht so wichtig. Steigende Gewinne sind auch nicht wichtig. Wirklich wichtig ist nur, dass wir nette und anständige Menschen sind!"

„Ich bin so stark wie zehn andere. Ich bin nämlich reich!"

„Kind, hör auf zu heulen, oder es war das erste und letzte Mal,
dass ich dich mit zur Arbeit nehme."

„Die Zahlen für das letzte Quartal sind da. Im Bereich
der Fünfzehn- bis Sechsundzwanzigjährigen haben wir deutlich zulegen können,
aber wir haben dafür unsere unsterblichen Seelen verloren."

„Aha! Genau wie ich erwartet habe!"

„Ihnen ist selbstverständlich klar, dass mich jeglicher Versuch,
meinerseits von diesen Informationen zu profitieren,
dem Risiko einer Untersuchung durch die S. E. C. aussetzt!"

„Als ich der Fusion zugestimmt habe, Fairchild, habe ich nicht daran gedacht!"

„Guten Tag, Sie sprechen mit ‚Human Resources‘, was kann ich für Sie tun?"

„Ehrlich gesagt: Eine Trillion klingt immer noch ziemlich teuer!"

„Wir sind hier wie eine große, glückliche Familie!"

„*Dieses Jahr werde ich all mein Geld in Geld stecken!*"

„Junge, das ist die Art von innovativem Denken,
die ich gerne in unserem *Laden sehen würde!"*

„Ich wache normalerweise um sechs Uhr dreißig schreiend auf
und bin dann um neun im Büro."

„*Eins kann ich Ihnen sagen: Reicher als in den wildesten Träumen zu sein, ist auch nicht mehr das, was es einmal war!*"

„Du warst jetzt eine lange Zeit bei uns, Winnie, und daher sind wir auch bereit,
dir ein großzügiges Abfindungsangebot zu unterbreiten!"

„*Das Büro vom Herrn Schmitt hat keine Tür.*
Sie müssen sich Ihren Weg durch die Wand brechen!"

„Herr Fertig ist einer unserer zuverlässigsten Mitarbeiter."

GLÜCKSKEKS   FORBES KEKS   BUSINESS WEEK KEKS

Sie werden eine hervorragende Steuerzuflucht finden.

Hinter jedem erfolgreichen internationalen Unternehmen steht ein Übernahmespezialist.

Wo ein Wille, da auch eine Erbschaftssteuer.

CRAWFORD

„*Ich sehe mich selbst als einen netten Kerl.*
Aber manchmal muss man halt ein paar Leuten ins Gesicht treten."

„Und als dann die Zinsen um ein halbes Prozent gesenkt wurden,
stieg der Dow um zweiunddreißig Punkte. Und nun ratet mal,
was dann mit der Gans und dem Fuchs passierte?"

„Geld, Kinder, ist wie das Zeugnis eures Lebens.“

„Es liegt nicht an dir, Rob.
Es ist einfach nur, dass das Ganze ein bisschen zu schnell geht. "

„Und somit ist es beschlossene Sache,
dass das Pflichtrentenalter auf fünfundneunzig angehoben wird."

BÖRSENVERLAG

Salinstraße 1 · 83022 Rosenheim
Tel 08031/2033-0 · Fax 08031/203330

BESTELLCOUPON

☐ ROSENHEIMER BÖRSEN-KATALOG		gratis
☐ JESSE LIVERMORE – Das SPIEL der SPIELE	DM	79,–
☐ Mein SCHLÜSSEL zu BÖRSENGEWINNEN	DM	59,–
☐ INTERVIEW mit einer LEGENDE	DM	59,–
☐ Die BÖRSENHÄNDLER	DM	54,–
☐ GEDANKEN eines KLEINSPEKULANTEN	DM	39,–

Ab einem Bestellwert von DM 140,– erfolgt die Auslieferung portofrei,
darunter mit einem Versandkostenanteil von DM 8,–.

☞ **EILBESTELLUNGEN:** Telefon: 0 80 31/20 33-0 oder Fax 0 80 31/20 33 30

LIEFERN SIE MIR GEGEN

Ist nichts angegeben, erfolgt Berechnung gegen Vorkasse.

☐ Bankeinzug bequem und bargeldlos ➤
☐ bereits vorhandenen Bankeinzug
☐ beiliegenden Scheck
☐ Nachnahme (zuzügl. NN-Gebühr)

Bitte geben Sie hier Ihre Bankverbindung an!

Bankinstitut _____

BLZ _____

Konto _____

ABSENDER

Name, Vorname

NY

Straße   PLZ, Ort

Telefon *tagsüber*   Telefon *abends*

✗

Datum   Unterschrift